Un viaje imperdible

por Jamie Margaret
ilustrado por Nick Diggory

SCHOOL PUBLISHERS

Copyright © by Harcourt, Inc.

Printed in China

ISBN 10: 0-15-370356-3
ISBN 13: 978-0-15-370356-0

Ordering Options:
ISBN 10: 0-15-368587-5 (ADVANCED Collection, Grade 2)
ISBN 13: 978-0-15-368587-3 (ADVANCED Collection, Grade 2)
ISBN 10: 0-15-371944-3 (package of 5)
ISBN 13: 978-0-15-371944-8 (package of 5)

1 2 3 4 5 6 7 8 9 10   468   16 15 14 13 12 11 10 09 08

Personajes

 Mamá

 Papá

 Carlos

 Nina

 Marcos

ESCENA UNO

Escenario: Un automóvil que recorre Boston, Massachusetts

Papá: Bueno… vamos camino a Florida sin retraso. ¡Qué viaje nos espera!

Mamá: ¡Hay tantos lugares para recorrer! Espero que nadie haya olvidado nada.

3

Nina: Yo traje mi osito.

Marcos: Yo guardé mi cámara. Quiero tomar unos retratos fantásticos.

Carlos: Yo traje algo imprescindible… ¡Mi caña de pescar!

ESCENA DOS

Escenario: Estatua de la Libertad, Nueva York

Mamá: ¡La Estatua de la Libertad es impresionante!

Papá: El museo histórico que hay allí tiene una increíble colección de datos.

Marcos: Quiero ver la antorcha original.

Nina: ¡Subamos!

Carlos: Yo voy por la escalera.

Mamá: Nina y yo iremos en ascensor.

Papá: ¡Por fin llegamos! La vista desde aquí es una auténtica belleza. La escalera parecía interminable, pero valió la pena.

Mamá: ¿Por qué tardaron tanto?

Escenario: La Casa Blanca, en Washington, D.C.

Papá: ¡Tres días en Washington fue poco! No había tiempo para desaprovechar.

Nina: Me encantó el Zoológico Nacional. Ver animales es mi entretenimiento favorito.

Marcos: A mí me gustó el Museo Nacional de Historia Natural. ¡Especialmente los dinosaurios!

Mamá: Mi paseo predilecto fue el que hicimos en el Tranvía de la Ciudad Vieja. Los monumentos iluminados se veían grandiosos.

Carlos: El paseo por la Casa Blanca también fue inigualable. Me hubiera encantado visitar las áreas cerradas al público. Especialmente el Salón Oval.

Mamá: Lo que más me gustó fue ver al Tío José y su familia. Me alegra que hayan podido ir a recorrer la ciudad con nosotros.

Papá: Sí, deberíamos visitarlos más frecuentemente.

Escenario: Reserva Natural Bosque Waymouth, Carolina del Norte

Nina: ¡Quizás veamos un oso como mi peluche en estos bosques!

Mamá: ¡El aire aquí es tan fragante! ¿No es maravilloso estar al aire libre?

Papá: Vayamos a caminar por la zona de pinos.

9

Mamá: Tenemos que caminar con cuidado, sin salirnos del camino.

Marcos: En el centro de visitantes me dijeron que por aquí hay ranas arbóreas. Ojalá veamos una.

Carlos: ¿No sería un descubrimiento fantástico?

Escenario: Isla Cumberland, Georgia

Papá: ¡Qué bonita es esta isla!

Nina: El viaje en ferry fue deslumbrante.

Mamá: Por suerte preví que no habría tiendas en la isla y traje cosas para comer.

Marcos: Vayamos a caminar.

Papá: A mí me gustaría andar en bicicleta. Podemos alquilar bicicletas aquí.

Nina: Yo quiero ir a nadar.

Carlos: Yo tengo ganas de pescar.

Mamá: Tendremos tiempo para todo. Recuerden que vamos a acampar aquí dos noches. Después de instalarnos decidiremos qué hacer.

ESCENA SEIS

Escenario: Miami, Florida, de noche

Carlos: ¡Por fin llegamos!

Mamá: Miami es sorprendente de noche. Me encanta cómo brillan las luces en el océano.

Marcos: Quisiera ver la ciudad de día.

13

Papá: ¡Vayamos a conocer Miami! Ya viajamos mucho y vimos montones de cosas. Todos nos hemos divertido y estuvimos muy bien predispuestos.

Nina: ¡Fue un viaje imperdible!

Pensamiento crítico

1. ¿Por qué Mamá y Nina llegaron antes que los demás a la parte superior de la Estatua de la Libertad?

2. ¿Qué llevaron Marcos, Carlos y Nina en su viaje?

3. ¿Por qué crees que la familia tenía que caminar con cuidado y sin salirse del camino en la reserva natural?

4. ¿Qué palabras usó el autor para indicar que la familia disfrutó su estadía en Washington?

5. ¿Qué lugar de los que aparecen en el libro te gustaría visitar? ¿Por qué?

 Estudios Sociales

Indicar en un mapa En un mapa de Estados Unidos, busca y rotula los lugares que visitó la familia.

La escuela y la casa Comparte *Un viaje imperdible* con un miembro de tu familia. Hablen acerca de los lugares famosos de Estados Unidos que les gustaría visitar.

Total de palabras: 480